QUELQUES OBSERVATIONS

SUR LE PROJET DE LOI

RELATIF

AUX SUCCESSIONS.

PARIS. — IMPRIMERIE DE F.IN, RUE RACINE, N°. 4,

PLACE DE L'ODÉON.

QUELQUES OBSERVATIONS

SUR

LE PROJET DE LOI

RELATIF

AUX SUCCESSIONS,

PRÉSENTÉ

A LA CHAMBRE DES PAIRS,

DANS LA SÉANCE DU 10 FÉVRIER 1826,

ET PRINCIPALEMENT

SUR L'EXPOSE DES MOTIFS

QUI LE PRÉCÈDENT.

La publication d'un projet de loi est un appel à toutes les lumières.

Quiconque y répond doit le faire avec franchise, décence, convenance, et dans l'unique vue du bien public.

Quiconque n'y répond pas, quand il croit le pouvoir utilement, est un mauvais citoyen, ingrat envers la patrie qui le nourrit et le gouvernement qui le protège.

PARIS.

A LA LIBRAIRIE UNIVERSELLE

DE P. MONGIE Aîné,

BOULEVART DES ITALIENS, N°. 10,

MARS 1826.

QUELQUES OBSERVATIONS

SUR LE PROJET DE LOI

RELATIF

AUX SUCCESSIONS.

Lorsqu'une insurrection violente a renversé de fond en comble l'ordre social d'une nation, ce qu'il y a de plus affligeant, ce n'est pas ce renversement en lui-même, tout désastreux qu'il est, ce sont les longues misères qu'il traîne après lui, ce sont les innombrables difficultés de la restauration qui doit réparer tant de ruines. A celles qui naissent en foule des choses, des conjonctures, du passé, du présent, de l'avenir, viennent se joindre encore celles qu'engendrent à la fois et l'ignorance des hommes, et leurs préjugés, et leurs intérêts particuliers, et leurs passions, et jusqu'au dévouement sincère de leur zèle; car s'il faut toujours de la prudence et de la mesure, même dans le bien, c'est surtout dans une situation de cette nature, et c'est alors précisément, qu'assiégé de mille craintes, impatienté par mille obstacles, sans cesse agité, tourmenté, l'homme d'état s'exalte, s'enflamme, et, trompé par l'imagination, s'égare dans de fausses routes qui, loin de le rapprocher du but, l'en éloignent, et le conduisent quelquefois même au précipice qu'il voulait éviter.

On nous parle de la nécessité d'affermir en France le principe de la monarchie : c'est la plus pressante, en effet, de nos nécessités sociales, et c'est aussi le vœu de tout ce qu'il y a de bons citoyens; mais, pour y parvenir sûrement, comment faut-il s'y prendre? Voilà sur quoi il serait essentiel d'avoir des idées justes, nettes, précises; sinon, revenus à peine encore de nos illusions républicaines, nous allons tomber dans des illusions monarchiques non moins dangereuses, et qui le seraient aujourd'hui plus que jamais.

C'est par des institutions sages qu'on affermit le principe d'un gouvernement, et les institutions sages pour chaque principe particulier, sont celles qui développent les germes de bien renfermés dans sa nature, compriment ou neutralisent les germes de mal, et fortifient, propagent, dirigent bien surtout l'esprit général qu'engendre cette même nature. C'est ce but essentiel qui est la raison des institutions, et c'est l'efficacité du rapport des institutions avec ce but, qui constitue leur harmonie avec le principe.

L'harmonie des institutions avec le principe suppose bien nécessairement qu'elles lui conviennent, mais non pas qu'elles lui ressemblent. Bien plus, et pour lui convenir à certains égards, comme quand il s'agit de modérer les effets de sa nature, il est nécessaire qu'elles en diffèrent. Ainsi, dans les républiques, on modère la puissance de tous par l'autorité d'un petit nombre, et quelquefois par celle d'un seul, tandis que, dans les monarchies, on modère la puissance d'un seul par des corps qui s'appuient sur la nation entière. La raison de cette différence est palpable et fait voir très-clairement que loin de devoir être toujours *uniformes* avec le principe du gouvernement, les institutions doivent, souvent au moins, être d'une forme différente et même contraire ; c'est, en un mot, en les opposant l'une à l'autre, qu'on tempère les formes du gouvernement, ce qui ne peut se faire que par des institutions qui conviennent à leur principe, par cela même qu'elles ne lui ressemblent point. L'harmonie résulte alors de ce contraste.

Les institutions doivent aussi être subordonnées au principe, afin que ce principe demeure inébranlable ; elles doivent l'être au peuple dans la démocratie, aux patriciens dans l'aristocratie, au monarque dans la monarchie. Sans cette subordination indispensable, le principe perdrait son rang, son influence dominante, et l'État serait en danger.

La subordination des institutions au principe, lequel est l'institution fondamentale, et *la convenance* des institutions à ce principe, voilà qui est certain, clair, incontestable. La nécessité de tout autre rapport est une chimère, dans le sens général, et si quelques institutions particulières doivent avoir le caractère de *l'unité*, par exemple, dans la monarchie, ou de *la pluralité* dans la république, ce n'est point du tout en vertu de la nature du principe, mais uniquement en vertu de la nature particulière de la chose dont il s'agit. Ainsi, dans tout gouvernement, monarchique ou républicain, il faut que l'armée soit commandée par un seul chef, et que la justice soit administrée par le concours de plusieurs juges.

Il en est du rapport de *continuité* ou de durée comme de celui d'*uniformité*. Et d'abord, pour ce qui est de la continuité des choses, c'est-à-dire des institutions, elle n'est le caractère distinctif d'aucune forme de gouvernement. Les républiques aspirent aussi bien que les monarchies à cette durée ou continuité, au milieu du changement continuel des personnes; et l'unique privilége des monarchies est d'y parvenir plus sûrement, c'est-à-dire d'être plus stables. Encore ceci ne doit-il guère s'entendre que de l'institution fondamentale ou du principe. Pour ce qui est des autres, elles ne peuvent avoir qu'une continuité conditionnelle, nul peuple n'ayant pu renoncer aux leçons de l'expérience, à moins d'avoir perdu le sens commun.

Quant à la *continuité* des personnes, quoiqu'elle soit le propre des monarchies dans leur institution fondamentale ou leur principe, en ce sens qu'elles seules ont une légitimité proprement dite, tandis que les républiques ne peuvent avoir qu'une légitimité de convention, cependant la continuité des personnes a lieu quelquefois dans ces dernières, non-seulement dans des magistratures à vie, comme autrefois à Venise ou à Gênes, mais encore dans l'hérédité d'une magistrature suprême. Le stathoudérat était héréditaire dans les Provinces-Unies; la royauté l'est dans le gouvernement anglais, que Montesquieu qualifie avec raison de *ré-publique*; par où l'on voit de plus en plus que ce n'est point du tout sur le rapport *d'uniformité* ou de similitude que le législateur doit régler ses institutions, mais uniquement sur le rapport de *convenance*, lequel ne se tire pas de la nature du principe exclusivement, mais aussi en même temps de plusieurs autres considérations, et qui, loin d'exiger toujours que les institutions ressemblent au principe, peut exiger aussi qu'elles en diffèrent totalement.

Mais, de ce que le monarque se continue sans interruption dans la monarchie, irons-nous en conclure que tous les chefs civils et militaires doivent s'y continuer également, et que l'administration, la judicature, le généralat, doivent s'y transmettre héréditairement, de père en fils, aussi-bien que la couronne? Qui pourrait avancer des absurdités de cette force, dont l'énoncé suffit pour les réfuter?

Je ne dis point, prenez-y bien garde, que rien ne doive être héréditaire dans une monarchie. Je dis seulement que la raison de l'hérédité, quand il y a lieu de l'établir, n'est point dans celle du monarque; car alors on devrait la mettre partout. Elle est dans le rapport de l'hérédité avec le but particulier de l'institution qui la réclame. Ainsi, l'hérédité doit être dans notre chambre des Pairs, comme le vrai moyen de lui assurer la consistance et la considération dont elle a besoin, pour le rôle que la Charte lui assigne. Ainsi, l'hérédité doit se trouver encore dans la noblesse, parce que l'honneur est l'âme de la monarchie, que les distinctions sont l'âme de l'honneur, et que l'hérédité des distinctions les rend beaucoup plus chères à l'ambition de l'homme. Et je saisirai cette occasion, d'observer, en passant, que, pour produire cet effet, l'hérédité n'a pas besoin d'être absolue, et que même elle le produirait beaucoup mieux, si elle était assujettie à quelque condition morale. C'est ce point de vue, tout-à-fait faux, du rapport d'*uniformité* des institutions avec le principe, qui a conduit à l'hérédité absolue, source naturelle, et de la morgue qui fait haïr la noblesse, et de sa multiplication excessive qui lui fait perdre son caractère essentiel de *distinction*, et des mœurs dégénérées de ceux de ses membres qui l'avilissent.

Une fois engagé dans cette fausse route, on ne peut qu'aller d'erreur en erreur. Ainsi, de l'hérédité absolue des distinctions, on arrive naturellement, je ne dis pas à l'indivision des patrimoines, ce serait un peu trop révoltant ; je ne dis pas non plus à l'ancien droit d'aînesse , on redoute encore sur ce point les résistances de l'opinion ; mais à l'inégalité légale des partages , dans le cas où le père n'aurait point fait de dispositions avant de mourir. Mais, si l'on s'arrête à ce terme , on a grand soin de mettre en avant des principes et des vœux , qui démontrent qu'on ne s'arrête que par impuissance , qu'on s'estimerait heureux de pouvoir aller au delà , et qu'on ne manquera point de le faire , par conséquent, lorsque les circonstances y seront plus favorables.

On présente en effet, et sans la moindre ambiguïté, la conservation des patrimoines comme l'unique moyen de conserver les familles , et la conservation des familles comme l'indispensable appui des monarchies. On ajoute, pour être plus clair et plus précis encore , que *la division des terres détruit la famille civile , l'abaisse , la dégrade , et en flétrit le nom même et les souvenirs.* Et néanmoins , dans la loi qu'on propose ensuite, tout en observant, avec l'expression du regret, que les pères n'usent pas même de l'étroite faculté de disposer, établie en leur faveur par notre code, on leur laisse celle de faire un partage égal de leurs biens entre leurs enfans ! Est-ce ainsi qu'on se flatte d'atteindre le but désiré ? non, cette pensée serait une injure , on ne s'en flatte point ; et, par conséquent, ou l'on serait en contradiction avec ses propres vœux, ou l'on se propose en secret quelque nouvelle mesure plus efficace.

Je n'alléguerai point ici qu'en 1789 les cahiers des bailliages demandaient tous, ou presque tous, l'abolition du droit d'aînesse comme contraire à l'égalité , et je n'ajouterai pas davantage, pour donner plus de poids à cette allégation , qu'il n'en était point alors comme aujourd'hui , où , à la faveur de l'insouciance générale, on se procure facilement des signatures pour des pétitions, qu'on ne rougit pas ensuite de présenter au gouvernement comme l'expression fidèle de l'opinion publique. Le vœu des cahiers d'alors était véritablement celui de la France. Mais, encore une fois, je ne m'en prévaudrai point , parce que je suis convaincu que si le vœu public manque rarement de justice , il peut aisément manquer de sagesse, soit faute de lumières, soit parce que la passion s'y mêle toujours plus ou moins. Loin d'esquiver ici les difficultés , je veux les aborder de front, et les combattre à force ouverte et loyale.

C'est une chose curieuse, en vérité, de voir avec quelle facilité les opinions des hommes varient, suivant les intérêts réels ou supposés de la cause qu'ils se sont chargés de défendre. On craint aujourd'hui les progrès de l'égalité ; on regarde comme nécessaire , comme urgent même, que la loi s'arme contre elle, en s'opposant au partage égal des successions ; et naguère, lorsqu'une législation bien différente , et plus insensée de beaucoup, s'efforçait , par des dispositions contraires , de combattre l'inégalité , on s'élevait de toutes parts contre le chimérique espoir de parvenir jamais à la vaincre ! On alléguait, avec raison , les jeux de la fortune qui , joints à l'action du talent, de l'industrie, de la prudence, de l'économie et de l'ordre , combinée avec celle des qualités opposées, devait ramener sans cesse le triomphe de l'inégalité : d'où l'on concluait, avec justesse , qu'à grand' peine parviendrait-on au but, en faisant à chaque génération, que dis-je ? chaque année, chaque mois, et presque chaque jour , un nouveau partage des fortunes.

Est-ce donc que ce qui fut vrai hier a cessé de l'être

aujourd'hui? Non, assurément ; la vérité ne change point ainsi au gré de nos caprices. C'est une expérience universelle, quelque haut qu'on remonte dans l'histoire, que les fortunes tendent à l'inégalité ; elles y marchent sans cesse, et dans l'état de civilisation bien plus rapidement que dans l'état de barbarie ; et elles y arrivent infailliblement, en dépit du législateur, à moins que, comme Minos en Crète, ou comme Platon dans *sa république*, il n'ait établi la communauté des biens. En vain, dans notre ancien régime, les lois avaient tout fait pour conserver les biens dans les familles, et principalement dans les nobles. A l'aide du commerce et des arts, le roturier, parti de la pauvreté, s'était élevé jusqu'à l'opulence, tandis que le noble, parti de l'opulence, était tombé dans la pauvreté. C'est même par cet endroit surtout que la république n'est point l'état naturel de l'homme ; c'est ce cours invincible des choses qui la tue, sans qu'il soit possible à la politique de l'empêcher. Aussi, après une existence passagère, à quelques époques de barbarie, où elle put se maintenir, non-seulement avec gloire, mais encore avec utilité pour le genre humain, comme un asile contre de plus grands maux, elle a été renversée et entraînée à jamais par les immenses progrès de la civilisation européenne, au sein de laquelle les maux dont elle préservait ne sont plus à craindre, tandis que tous les germes d'inégalité, développés au plus haut période, la rendent plus impraticable et plus imaginaire que jamais.

Il n'est donc nullement à craindre que nous arrivions jamais à cette époque, véritablement critique pour l'ordre social, où, par des réductions successives, toutes les fortunes se trouveraient ramenées à l'égalité. Si cet espoir insensé fut la chimère des niveleurs, la crainte de le voir se réaliser est aujourd'hui celle de nos publicistes ; et, sous ce premier rapport, la sollicitude qui les agite est superflue.

Mais la mobilité des fortunes n'est-elle pas à elle seule un grand mal ? Je réponds d'abord qu'elle est une nécessité, et une nécessité qui échappe aujourd'hui plus que jamais à toute la prudence humaine. Or, quand on ne peut empêcher qu'une chose soit, le seul parti sage est de s'en servir telle qu'elle est, imitant le nautonnier, qui, ne pouvant changer le vent qui souffle, n'y perd pas inutilement son temps et sa peine, et le fait servir à sa route tel qu'il est. J'en donnerai tout à l'heure un exemple.

Ensuite, quel si grand mal après tout peut-il y avoir à ce que la fortune passe des mains de la paresse dans celles de l'activité ? de celles d'un prodigue, d'un dissipateur, dans celles d'un homme réglé, prudent, économe ? ou enfin, de celles d'un consommateur inepte ou ignorant, dans celles d'un producteur instruit et habile ? car c'est ainsi que les richesses s'écoulent. De sorte qu'on peut dire en général, et sauf exception, qu'elles vont où la raison, la justice et l'intérêt réel de la société les appellent. Et l'on pourrait voir quelque avantage à troubler un cours de choses que la Providence a aussi sagement établi !

Si la pauvreté déconsidère les familles, c'est un inconvénient inévitable, et qui ne peut avoir d'importance qu'autant que ce seraient des familles nobles. Encore est-il essentiel d'observer qu'il ne faut pas l'entendre de chacune d'elles en particulier, mais de leur ensemble seulement. Quoique depuis les croisades, dans la plus grande partie de l'Europe, une multitude de familles nobles fussent devenues pauvres, la noblesse n'en avait point perdu sa considération. En politique, ce ne sont pas les individus qu'il faut voir, ce sont les masses. Partout où une grande partie de la noblesse est considérable par ses possessions (et il n'y a point à craindre qu'il en soit jamais autrement), l'éclat dont cette partie brille se réfléchit sur la partie moins fortunée et sur celle même qui est pauvre; et cela est plus infaillible encore, lorsque, par la nature de l'institution, la présence des titres est en général un gage de celle de la vertu.

Néanmoins, et quoique en abandonnant les choses à leur cours naturel, on eût encore tout lieu d'espérer qu'un assez grand nombre de familles nobles conserveraient leur fortune pour empêcher la déconsidération de leur ordre, il est à propos de prendre, à cet égard, quelque mesure qui soit efficace; et puisqu'il n'y a point d'efficacité suffisante pour cela dans les lois sur les partages, il est nécessaire de la rechercher ailleurs. C'est ici que je vais offrir un exemple de l'art dont je parlais tout à l'heure, et qui consiste à savoir tirer parti des choses quand on n'a pas la puissance de les changer.

Il faut diriger le cours des fortunes de la roture vers la noblesse, en réservant à celle-ci des dignités, des emplois et des faveurs, dont la première puisse espérer de partager le fruit en s'alliant avec la seconde. Point de doute que cet espoir ne suffise pour la déterminer à ces alliances. Est-il si rare de voir des filles riches données en mariage à des jeunes gens sans fortune, mais dont le talent et la bonne conduite sont un heureux augure de leur avenir? Et pourtant, cet espoir est-il aussi bien fondé que celui qu'inspireraient les priviléges attachés à la noblesse? Par ce moyen si simple, à l'emploi duquel l'opinion ne se refuse plus chez nous, et qui doit trouver, dans les circonstances présentes, la répugnance de quelques anciens nobles bien affaiblie, la noblesse réparerait continuellement ses pertes; et l'on y trouverait, de plus, l'avantage éminent de la rendre populaire sans porter atteinte à l'émulation qui exciterait tous les citoyens à la mériter.

Mais, nous dit-on encore, est-ce donc sur quelques corps politiques ou sur quelque ordre seulement de citoyens qu'il importe d'asseoir la monarchie? N'est-ce pas sur la nation entière? Et quel autre moyen y a-t-il pour cela, que de constituer toutes les familles d'après le principe de la monarchie? Certes, je suis loin de nier cela, moi qui pense, au contraire, que la monarchie est née de la famille, et n'a été, dans l'origine, qu'une extension de cette société naturelle. Mais entre ceux que je combats et moi, il y a cette différence, qu'en allant par la famille à la monarchie, je ne m'arrêterai point comme eux à moitié chemin : je le ferai tout entier; et en le faisant ainsi, j'atteindrai, avec le but qu'on se propose, plusieurs autres encore qui ne sont pas moins importans.

Ici nous n'avons autre chose à faire que d'observer la nature, afin de suivre la route qu'elle nous trace et de ne jamais nous en écarter. Elle fait naître l'enfant dans la dépendance du père; elle le lui subordonne en tout, d'abord par sa faiblesse, par son ignorance, par ses nombreux besoins, et ensuite par l'amour, le respect et la reconnaissance. Elle l'habitue ainsi dans son premier âge, celui dont les habitudes sont les plus fortes et les plus durables, à la soumission envers ses supérieurs, à la bienveillance envers ses égaux; elle lui donne les premières idées du devoir et du droit, de la nécessité d'une règle et d'une autorité parmi les hommes. C'est la société de famille seule qui fait éclore et développe l'homme moral : un enfant qui aurait grandi sans connaître ni père, ni mère, ni personne qui lui en tînt lieu, serait un animal stupide et même le plus stupide de tous les animaux ; car il n'aurait ni raison, ni instinct suffisant, au lieu que les animaux ont au moins celui-ci au défaut de l'autre.

Non-seulement la société de famille dispose l'homme à la société en général, mais encore à une forme particulière de société. Car la famille est l'image de la monarchie, plus que d'aucune autre forme politique ; et les habitudes que l'homme y contracte sont précisément celles qui conviennent à la monarchie. Dans les autres gouvernemens, en effet, il suffit qu'on respecte le magistrat et qu'on lui obéisse ; ici, de plus, il est essentiel qu'on l'aime : cet amour y est si essentiel, qu'un monarque privé de l'amour de son peuple devient presque infailliblement un tyran. Dans la monarchie, il y a des distinctions de rangs fondées sur la naissance ; il y en a de même dans la famille, où l'infériorité de l'âge subordonne les cadets à leurs aînés, à peu près comme le peuple est subordonné aux grands, et la roture à la noblesse. Et de même aussi que dans la famille, le père sait distinguer ceux de ses enfans qui le méritent, les approcher plus près de lui que leurs aînés même, et leur donner une plus grande part à sa confiance et à ses faveurs ; le prince, dans la monarchie, sait aller chercher le mérite dans les rangs inférieurs, l'élever jusqu'à lui, et réparer à son égard l'injustice de la naissance.

Est-il possible de rien imaginer de plus convenable à la monarchie ? Mais il faudrait, de notre côté, ne pas contrarier la nature, ce que fait trop souvent la législation. Par une contradiction inconcevable, elle veut que le père conserve son autorité, et elle le dépouille de sa puissance ! Comme si le droit suffisait, et que l'autorité, sans la puissance, fût assez sûre d'être respectée ! Jusques à quand faudra-t-il donc redire que l'homme ne se subordonne, en général, que par l'espérance et par la crainte ? Cela est mal, sans doute ; mais cela est ainsi. Et puisque cela est ainsi, malgré la raison qui le désapprouve, ce n'est point la raison seule qui peut être capable d'y remédier. Parlez raison à l'homme : rien de mieux ; c'est même un devoir. Mais ce serait une folie que de compter sur ce langage. Commencez par dompter ses caprices sous l'empire des situations, et puis vous lui parlerez raison, et il pourra l'entendre ; mais, sans ce préliminaire indispensable, vous le trouverez sourd la plupart du temps.

Vous voulez que le fils s'attache à son père, qu'il le respecte, qu'il l'aime, qu'il le serve, et qu'il se dispose ainsi à respecter, à aimer, à servir un jour le monarque ? Mettez son sort entre les mains de son père ; et qu'il n'ait rien à attendre que de sa libre disposition, le cas seul excepté où le père serait mort sans avoir disposé de sa fortune. Tant qu'il pourra se dire en lui-même : Ma portion héréditaire est fixée par la loi, et je suis certain de la recueillir un jour, indépendamment de la volonté de mon père, vous n'aurez jamais un gage suffisant des sentimens dont vous voulez qu'il soit animé ; et au lieu de l'esprit de soumission et de dévouement dans lequel il importait à la monarchie qu'il fût élevé, il aura crû, il se sera enraciné dans l'esprit d'indépendance et d'indifférence qu'elle redoute.

Je sais que tout a ses inconvéniens , et la puissance paternelle comme autre chose ; mais ses avantages immenses surpassent de beaucoup ses inconvéniens. On ne saurait jamais s'exagérer son importance. Lorsque à Rome le fils de ce Manlius qui avait été surnommé *le Hautain* à cause de la dureté de son commandement, eut soustrait son père à la vengeance du peuple , en forçant le tribun Pomponius , le poignard sur la gorge , à se désister de l'accusation qu'il avait intentée contre lui , non-seulement le peuple ne, trouva pas mauvais qu'un fils eût tant osé pour sauver son père , comme Tite Live s'exprime , mais encore il lui donna ses suffrages aux élections suivantes , et le porta au Tribunat militaire , qui était pour lors la première dignité de l'état. Cependant , l'action du jeune Manlius était un manifeste attentat à l'inviolabilité tribunitienne. Mais les lois se turent , et les passions irritées se calmèrent , devant les droits sacrés d'un père et le dévouement , même téméraire , d'un fils. C'est ainsi qu'on pensait dans une république , et l'on pourrait penser autrement dans une monarchie ! et l'on hésiterait un seul instant à faire ce qui peut rendre l'autorité paternelle de plus en plus sûre d'être respectée !

Au reste , ceux de ses inconvéniens qui seraient graves , peuvent être facilement prévenus. Quels que soient les droits d'un père , il a aussi des devoirs à remplir envers ses enfans. Il leur doit , non-seulement la nourriture et l'entretien jusqu'à l'âge de leur majorité , mais encore une éducation et un état convenable. La société a le droit de le contraindre sur ce point , et d'assurer à l'enfant négligé , ou à l'orphelin mineur , sur la succession du père , un dédommagement équitable , et proportionnel tant à cette même succession, qu'au nombre des enfans. Avec quelques précautions législatives , enfin , qui sont simples et faciles, il n'y a que du bien à recueillir du droit restitué au père de disposer de ses biens , même de les substituer, comme il le trouverait bon. Seulement, il conviendrait de renfermer cette dernière faculté dans d'étroites limites ; car il en est des biens substitués , comme des majorats, et généralement de tous les biens inaliénables : ce sont autant de capitaux enlevés à la circulation, à la production industrielle , et , par conséquent , autant de valeurs retranchées de la richesse publique, qui est désormais la mesure de la puissance des nations.

Outre l'avantage d'une éducation parfaitement appropriée au gouvernement monarchique, ce système en aurait plusieurs autres encore. Il rendrait à la propriété ce qui lui appartient essentiellement ; car, sans le droit de disposer, la propriété n'est plus guère qu'un usufruit. Il mettrait dans l'intérêt de la loi tout ce qu'il y a de propriétaires, sans exception , c'est-à-dire, la classe qui est le vrai fondement des sociétés et qui en constitue la force. Il ôterait à l'inégalité des partages ce qu'elle a d'odieux quand c'est le législateur qui l'établit , en la faisant dépendre de la libre volonté du père, qui a le droit, en sa qualité de propriétaire, de la prescrire ; tandis que ses enfans se reposent sur sa tendresse , et rivalisent d'efforts pour la mériter. Et si l'intérêt de la famille peut exiger une certaine distribution du patrimoine , à qui vaut-il mieux s'en remettre, du père qui connaît cet intérêt et qui est toujours porté à s'y conformer, ou du législateur qui l'ignore ? en un mot, ce système satisferait à la fois, à la justice, à la morale et à la politique.

On objectera peut-être que si le droit de disposer à son gré de sa succession est rendu au père sans aucun privilège pour l'aîné de la famille, celle-ci ne sera plus tout-à-fait semblable à la monarchie, où le droit de succession est attaché à la primogéniture. Mais de ce que la famille doit ressembler à la monarchie, s'ensuit-il donc qu'elle doive lui ressembler trait pour trait? Quoi! il n'y a pas dans toute la nature deux êtres qui se ressemblent de cette manière, et l'on voudrait qu'il en fût autrement des ouvrages de l'art, qui n'est qu'une imitation de la nature! Voyons, au surplus, ce qui en est.

Ce n'est point la famille qui s'est formée sur la monarchie, mais bien la monarchie qui s'est formée sur la famille; aussi, dans l'origine, se ressemblaient-elles parfaitement, et c'est pourquoi on a vu dans des monarchies barbares le prince régnant, tantôt désigner à son gré son successeur à la couronne, et tantôt partager ses états entre ses enfans. Mais, plus tard, l'expérience a dégagé la monarchie de cette imitation servile, en lui apprenant combien sont nuisibles à l'ordre et à la tranquillité publique toute variation et toute incertitude dans l'ordre de succession; et c'est alors qu'on a eu recours à la règle constante et invariable que nous voyons de nos jours partout observée en Europe. Mais ce motif d'ordre et de tranquillité qui attache le droit de succession à la primogéniture dans les monarchies, n'a point lieu dans les familles soumises à l'action dominante et régulatrice de la puissance de la société. Il n'y a donc point ici raison de ressemblance, mais plutôt raison de différence, sans compter encore que, malgré la règle politique dont il s'agit, les monarques ne sont pas totalement privés, dans le fait, de la faculté de choisir l'héritier du trône; il ne faut pour cela que l'abdication du premier né avant que la prise de possession ait mis la couronne dans sa ligne, comme il est arrivé tout récemment en Russie.

Et si l'on disait que l'ordre de succession au trône a

besoin de l'exemple des familles pour se maintenir, assertion purement gratuite et qui n'est fondée absolument sur rien, pourquoi le gouvernement représentatif se maintiendrait-il mieux en présence du gouvernement de la famille, où le père dispose de tout par son autorité? Faudra-t-il donc aussi, afin d'affermir ce système, qu'on en place l'image dans la famille, et que le père ne puisse rien statuer, au moins en matière grave, sans avoir obtenu le consentement de ses enfans ? Cet exemple suffit pour nous montrer jusqu'où pourrait mener, de conséquence en conséquence, ce principe de l'*uniformité* qu'on fait tant valoir, et qui n'est qu'une fausse interprétation du principe de *la convenance*.

Ce que j'ai dit de la propriété en général s'applique également à la mobilière et à l'immobilière : toutes les deux ont la même destinée, et tendent à l'inégalité, sans qu'il soit besoin que la loi s'en mêle, et malgré tous les efforts de la loi pour l'empêcher. Mais voici la différence qu'on remarque entre elles. C'est que la première offre une image d'inconstance, que l'autre n'offre pas, à beaucoup près, au même degré. L'argent surtout est dans une circulation d'autant plus animée, plus rapide, plus universelle, et par cela même d'autant plus vivifiante pour l'état, qu'il y a plus d'activité, plus d'industrie, plus de commerce. Les fonds de terre et les maisons, au contraire, qui ne périssent point comme les meubles, ont dont la vétusté est beaucoup plus tardive, qui ne changent point de lieu, qui ne peuvent être dérobés et enlevés comme l'or et l'argent, et dont la propriété, placée au grand jour, est plus à l'abri de la chicane, demeurent beaucoup plus constamment dans les mêmes mains ; par cette raison très-simple, que, les jugeant plus solides, on y tient davantage, et l'on a plus de peine à s'en dessaisir.

Or, il s'ensuit bien de là que la propriété mobilière, vivant au milieu d'orages qu'elle affronte continuellement, doit être plus entreprenante et plus aventureuse que l'immobilière, qui vit sous un ciel plus calme, et jouit de plus de sécurité. Mais s'ensuit-il également qu'elle doive être plus portée d'inclination pour la république que pour la monarchie, comme on affecte de le dire? Ce qu'il y a de bien certain, c'est qu'elle irait en cela contre son propre intérêt; car rien n'est plus contraire à ce mouvement commercial au milieu duquel elle se plaît, que les agitations et les troubles politiques. Ses spéculations et ses calculs en sont déconcertés, découragés; les bourses, qui se resserrent alors par l'inquiétude de l'avenir, ne fournissent plus, au moins avec assez d'abondance, l'aliment nécessaire à son activité; les affaires languissent, s'arrêtent enfin, et l'ouvrier, qui ne trouve plus de travail, n'a plus de pain pour nourrir sa famille. Sous un gouvernement, au contraire, qui présente contre les agitations et les troubles des garanties solides, comme le fait la monarchie, la propriété mobilière se livre à sa nature entreprenante et active, avec la plus entière sécurité. Comment donc se persuader qu'elle ait plus d'inclination pour le gouvernement qui lui est contraire, que pour celui qui lui est favorable?

Ceci n'est qu'une présomption, je l'avoue; mais on conviendra du moins qu'elle est légitime. Au reste, voici la plus irrécusable des démonstrations. Comment périrent ces républiques de l'antiquité qu'on ne cesse de proposer à notre admiration et qui en sont véritablement les plus dignes? Tant que les mœurs y furent simples, que le peuple n'était guère qu'agricole, et

qu'il n'y avait guère, par conséquent, que des propriétaires du sol en possession exclusive des honneurs
et de la puissance, elles se soutinrent avec éclat ;
mais une fois que les arts, le commerce et le luxe s'y
furent introduits, et que l'industrie eût créé les pro-
priétés mobilières, ces états penchèrent vers leur
ruine, et, par l'altération des mœurs qui leur conviennent et leur sont même absolument nécessaires,
finirent par tomber dans la monarchie. Si de l'antiquité nous passons aux âges modernes, la même ré-
volution du système économique nous offre un semblable phénomène dans les destinées du gouvernement
féodal, qui était aussi un genre de république. Et,
après une si éclatante et si constante expérience du
contraire, on ne craint pas de nous dire que la propriété mobilière favorise la république, et l'immobilière la monarchie !

C'est vainement qu'on argumenterait ici de ce que
nous avons vu de nos jours. Les idées républicaines
furent une erreur générale dont toutes les classes sans
exception furent infectées ; et, en supposant que la
classe industrielle en ait été plus long-temps malade
que les autres, ce qui n'est nullement prouvé, la raison n'en est point dans un amour naturel de la république, mais bien dans l'amour de la liberté, dont
la prospérité de cette classe a tant de besoin, et, en
même temps, dans les systèmes faux des publicistes
modernes, qui ont placé la plus grande liberté dans la
république, tandis qu'elle n'existe ni ne peut exister
désormais que dans la monarchie.

Et voilà, voilà l'importante vérité qu'on devrait faire
retentir dans toutes les tribunes, au lieu de ces accu-
sations irréfléchies contre la propriété mobilière que
dément d'une manière si frappante l'histoire entière des

sociétés. C'est à la démontrer, cette vérité aussi certaine qu'elle est consolante et féconde, quoiqu'elle n'ait
pas pour elle l'autorité de Montesquieu, c'est à la
démontrer, dis-je, que tous les vrais amis de la monarchie devraient s'appliquer. C'est ainsi qu'ils défen-
draient efficacement dans leurs ouvrages cette excel-
lente forme de gouvernement, tandis que le législateur, de son côté, en développant par des institutions
sages les germes de bonheur qu'elle renferme dans son
sein, en ferait l'objet éternel de l'amour et de l'admiration du monde.

Au lieu de cela, que fait-on ? La propriété mobilière, avide de tranquillité, s'était réfugiée dans la
monarchie. Malheureusement, par le vice des temps
ou des institutions, elle n'y trouva point la liberté dont
elle n'est pas moins avide. Alors, elle préta l'oreille
à des voix séductrices qui la lui promettaient dans
d'autres systèmes de gouvernement. Elle est encore,
je veux bien le supposer, dans cette illusion menson-
gère. Hé bien ! que fait-on, encore une fois ? on l'ac-
cuse d'être l'ennemie des monarques, quand elle ne
l'est que des tyrans ; on signale comme pernicieux
l'esprit qui l'anime ; on demande aux chambres des
lois pour en préserver la société, et l'on s'aliène ainsi
celle-là même, qui, lasse autrefois de la république,
tendit les bras à la monarchie, pendant qu'on prodigue d'inconcevables louanges, à celle qui, tant qu'elle
fut seule et puissante, se montra constamment dévouée
à la république !

Politique d'autant plus étrange encore, qu'en même
temps qu'on outrage ainsi la propriété mobilière, on ne
se fait point illusion sur le haut degré de puissance où
elle est aujourd'hui parvenue. On nous la représente
comme prête à tout envahir si l'on ne se hâte d'y mettre

obstacle. Approfondissons, en finissant, les motifs de cette grande terreur.

Il est très-certain que dans un pays où l'industrie et le commerce seraient interdits aux propriétaires du sol, la richesse productrice finirait par dévorer celle qui ne serait que consommatrice. C'est ainsi que s'exécutent et s'exécuteront éternellement, en dépit de nos orgueilleuses prétentions, les lois invincibles de la nature, qui a voulu que la fortune n'exauçât qu'un très-petit nombre de favoris, et que le travail, au contraire, distribuât ses largesses à tous les hommes indistinctement, en raison de leur industrie, de leur activité et de leur intelligence ; mais partout où cette interdiction insensée n'aura pas lieu, la crainte d'un tel résultat est imaginaire.

Maintenant je suppose le cas, et, même en admettant que l'esprit de la propriété mobilière soit tel qu'on l'imagine, je demande ce que la monarchie peut en redouter? Ce déplacement de la possesion territoriale, quoiqu'on en dise, ne saurait s'effectuer tout à coup; il ne pourrait être que l'ouvrage successif et très-lent d'un temps assez long pour que chacune des familles parvenues eût contracté l'esprit de sa position nouvelle ; de sorte que l'influence générale de la propriété foncière, qu'on croit si monarchique, n'en serait aucunement altérée.

Sur ce point, au reste, rapportons-nous en à l'expérience. Pendant les trois ou quatre derniers siècles, à la place de tant d'anciennes familles nobles, ou éteintes, ou précipitées dans la pauvreté, combien ne s'en était-il pas élevé de nouvelles du sein de la robe, de la finance, des sciences et des arts! Qu'était même, sous le rapport du nombre, l'ancienne noblesse d'épée à côté de cette multitude immense? Hé bien! l'esprit de la noblesse était-il changé pour cela? N'en soyons point étonnés, la raison en est des plus simples : c'est que, généralement, l'homme change d'esprit et de mœurs en changeant de situation, comme le dit un vieil adage : *honores mutant mores*. Les situations sont pour lui ce que la pente du terrein est à l'eau : ce sont elles qui déterminent la direction et le cours de ses tendances naturelles.

Quels que soient donc les déplacemens de propriété foncière que l'action lente du temps peut amener à la fin dans les familles, il y aura toujours une assez grande masse de riches propriétaires de fonds pour balancer l'influence de la propriété mobilière ; qu'on regarde comme si dangereuse; et ces propriétaires étant toujours animés de l'esprit attaché à leur position, la monarchie peut être parfaitement tranquille.

Quant aux alarmes que ces mêmes déplacemens inspirent pour le système représentatif, de deux choses l'une : ou ce système n'est qu'une chimère, une déception pure, ou le peuple doit y être représenté; or, pourrait-on dire qu'il le fût, si les fonctions électorales et le droit d'être élu se perpétuaient dans les mêmes familles? Ne serait-ce pas avoir fait de ce gouvernement une aristocratie héréditaire? et faut-il répéter ici ce qu'ont dit tous les publicistes, d'accord contre cette forme odieuse de gouvernement? Et quel fruit le monarque pourrait-il en retirer, que de se rendre odieux lui-même par les injustices qu'un tel système amènerait infailliblement à sa suite?

Mais rassurons-nous, ce n'est là qu'un rêve qui ne se réalisera jamais en France. Si cette aristocratie existe quelque part en Europe, c'est uniquement en vertu d'une situation particulière, dont la nôtre est tout l'opposé, et il y a lieu d'espérer que cette différence n'échappera point à nos hommes d'état. Ce qui seul m'afflige et doit affliger tous les bons Français , c'est de voir qu'une direction fausse imprimée à l'opinion peut conduire à d'aveugles et vains efforts vers quelque chose de semblable, susciter ainsi des embarras et des troubles trop favorables à l'ennemi de la paix européenne qui spécule sur nos dissensions, et, lorsque nous touchions enfin à la tranquillité du port, nous rejeter au sein des tempêtes.

C'est ce grave danger surtout qui m'a mis la main à la plume. Puisse mon zèle obscur n'être pas infructueux pour ma patrie ! Puisse-t-on reconnaître enfin les vrais principes de la monarchie telle que notre civilisation l'a faite ! Puisse-t-on ne jamais perdre de vue qu'il n'y a que deux mobiles des déterminations humaines, la nature et l'éducation ; qu'en faisant des lois sages, protectrices, et en harmonie avec les lumières et les mœurs de l'époque où l'on se trouve, on assure à la monarchie toute la puissance de la nature, et qu'en instituant la famille d'une manière convenable à ce gouvernement, on lui assure toute la puissance de l'éducation ; qu'on ne peut rien tirer pour sa stabilité que de ces deux sources ; que si l'esprit d'innovation est dangereux, l'esprit de routine ne l'est pas moins ; que chaque âge a ses besoins, auxquels on ne satisfait que par des institutions qui lui soient propres, et qu'enfin, dans l'incertitude inévitable des choses humaines, la satisfaction de s'être conduit avec prudence est l'unique consolation des mauvais succès.

9 782013 576222